Landry Mestrallet

Aniline moirée

Recueil de poèmes et textes courts

Indiesis éditions

Préface

C'est parfois comme un grondement intérieur qu'il faut éclaircir. Il y a frictions intérieures, de la foudre ; le tonnerre gronde mais l'éclair vient après. Et la pluie tombe, couchant avec elle les poussières. L'atmosphère s'apaise et apaise, le paysage trouve des rivières et les arbres puisent en elles leur mémoire et se déploient en l'air et sous terre. Les racines puisent et les feuilles expriment. La vertu pure. Le potentiel de vie pur. L'intelligence intrinsèque à une force créatrice, qui donne sa lumière, qui offre une conscience bouleversante. L'homme à l'image de celle-ci, dans le choix d'imiter l'arbre ou son ennemi. Tant qu'il gardera son potentiel de pleuvoir en son âme, le cycle perpétuel entre ciel et terre, il recouvrera l'équilibre de l'architecte vertueux.

C'est toujours troublant un écho, c'est toujours troublant de se relire, c'est toujours troublant de lire un autre et de s'y retrouver. Les images nous enseignent, comme des paraboles. Les neurones communiquent, les pensées épousent le regard. La plus grande des intelligences percevrait bien mieux que tous une vérité, la vérité. Les sciences cognitives, l'étude de l'infiniment petit, l'étude de l'infiniment grand et toujours tourner autour d'une constante manquant à l'écriture d'une équation salvatrice. Tu peux très bien en arriver à ne plus dormir, la tête droguée par le vacarme d'une réflexion en surchauffe, essentiellement mentale. Ou bien écouter simplement un chuchotement pur, celui d'une brise divine qui te parle de tout, qui t'inspire et te conseille, qui rend ton propre esprit et le monde cohérents. Trouver l'harmonie révèle les plus belles vérités. Les plus belles vérités sont les plus essentielles.

Cela pourrait faire penser à l'amour. L'amour passion qui entraîne dans une folie stérile et l'amour pur qui repose, transporte, transpose en dièses, grandit. L'amour charité, galvaudé par l'esprit bles-

sé et les paroles vaines. Et l'esprit est sou-
vent blessé par des paroles vaines. Écouter
les choses vaines mène à la vanité et celle-
ci ne connaît plus que ces choses vaines.
Et alors l'arbre n'utilise plus ses racines
et les courtes précipitations sont acides.
L'arbre se meurt et les oiseaux tombent. Le
tonnerre gronde de plus en plus fort et les
eaux se troublent. Aucun arc-en-ciel, au-
cune lumière, seulement des mirages, des
démons, le corps vit mais l'esprit meurt.

Le corps est terre et l'esprit est ciel.
L'attraction de l'un sur l'autre est sans doute
le combat le plus important de l'humanité.
L'union en parfait accord du ciel et de la
terre repose sur une seule constante qui est
son propre résultat et il est en chacun de
nous de le trouver.

Cette préface improvisée l'est comme
chacun de ces poèmes qui furent des pluies
révélatrices de moi-même. C'est un peu de
cela l'art aussi, partager dans le cas où ça
puisse apporter conscience à d'autres.

a. Hurle !

b. Pourquoi ?

a. Hurle !

b. Pourquoi ?

a. Hurle !

b. Pourquoi ?

a. Hurle !

b. Pourquoi ?

a. Hurle !

b. Pourquoi ?

a. Hurle !

b. ... ...

a. Hurle !

b. Mais c'est difficile

a. Pourquoi ?

b. ... ...

a. Pourquoi ?

b. Parce que c'est difficile

a. Hurle !

b. Pourquoi ?

a. Pour pleurer

b. Pourquoi ?

a. Pour hurler

b. Mais c'est trop difficile

a. Pourquoi ?

b. ... ...

a. Pleure

b. Pourquoi ?

a. Pour hurler

b. Je peux pas

a. Pourquoi ?

b. C'est trop difficile

a. Pourquoi ?

b. Parce que j'ai plongé dans l'eau salée pour torturer ma peau desséchée par le désespoir, mes doigts en moignons rongés par la détresse. Figée dans l'incompréhension, en appréhension de la compréhension. La question sans réponse, la lumière grise dans ma chambre noire le sulfate d'argent appauvri une tache noire suintant sur mes parois puantes, blotties dans le coin le plus profond et étroit de l'inconscience, ne pouvant tendre un bras pour éponger ma sueur ravalée par mes pores et dégoulinant en moi, du cerveau, derrière les yeux, les pourrissant de vagues fixes et jaunâtres, puis ma gorge abandonnée, délaissant le vocabulaire déjà pauvre. Quelques mots d'usage, quelques mots usés. Le diaphragme contracté par un piochon déplacé, et l'odeur de l'abcès stomacal incommodant les voisins mieux éclairés. Je ne comprends pas leur langage, je ne sais pas comment leur parler de ma cellule grise perdue en elle-même grandissante en bavant un souffle concentré de poussières.

a. Eh bien hurle !

b. Mais c'est trop difficile

a. Hurle !

b. Mais comment ?

a. Tu as changé, ce n'est plus toi. C'est loin maintenant derrière ta propre lumière. Ce n'était pas toi. Ce n'est plus toi. Ce n'est pas toi. Ce n'était pas toi. Ce n'est plus toi.

- elle pleure -

a. Ce n'est plus toi. Ce n'est plus toi. Ce n'est plus toi. Ce n'est plus toi.

- elle hurle -

Hurle, mai 2008

J'y ai niqué mes chaussures
- et puis une fille aussi -
La tour suppliait les étoiles
Mon hôtel n'en avait pas

Aucun interrupteur
Comble dans la nuit
Eclairé par mon portable
J'ai pu pisser droit

Mes rêves vérifiés
Ils m'ont bien guidé
Je ne croirai plus au hasard
Il est une logique incomprise

Comme le paradoxe
Il est un intox
Quelque part, jamais nulle part
Se trouve une unique promesse

Paris dodo réveillé, octobre 2007

C'est infernal
Cette ombre lumineuse
Qui comble la paume
De mes mains seules

Elles est bien seule
Ma peau amoureuse
Qui s'assomme
D'idées irréelles

Alors je claque
Ces mains empotées
Sans applause
Comme un «raté !»

Ça résonne en attaque
Mon cœur subjugué
Une névrose
Petite vie privée

Vie privée
Bien trop privée
D'amours prisées
Puis abandonnées

Privé, octobre 2007

C'est bleu et gris
Dans un blanc danse (dense)
Comme le soir
Entre les volcans éteints

Amoureux amis
Sur un banc immense
Sans aucun miroir
Ni fenêtre, sans teint

Un jeu endormi
Refusant l'offense
Lumineuse ombre
Grandissant entre mes mains

Aveux à l'esprit
Exhalant l'essence
D'un comble espoir
Qui m'aura éteint

*Vague échouée d'un reflet -
tremblement lointain,*
octobre 2007

Berge de la Garonne rive droite, en général, le samedi soir, à Toulouse :
Alcooliques, gens perdus : 20%
Touristes : 10%
Contemplatifs : 15%
Etudiants :15%
Joggeurs : 2%
Rats : 2%
Chiens : 4%
Présence persistante d'anciens passants : 2%
Bouteilles d'alcool vides : environ une cinquantaine
Gens «en soirée» : 30%
Gens qui fument : 60%

Tu sais, quand les sentiments sont tellement concentrés, qu'ils ne cessent de t'emplir et que tu n'oses pas hurler, que tu sors dans un paysage sans arbres. Le fleuve, le pont, les routes, les immeubles. Les voitures passant ignorantes qui te coulent de leur lumière parce que la nuit ne t'aime plus soudain ce soir ; trop compliqué, dans la pléthore de tes sentiments, de discerner ta propension au bien. Ça te fait peur, le vide t'appelle, et ta tête qui tourne, ton énergie qui veut éclater mais rien entre tes mains, personne à serrer contre toi et c'est bien ce qui rend la nuit si vaste malgré l'oppressante présence du béton. Tu t'arrêtes, fais demi-tour, rentres chez toi, tournes, retournes et, quand le jour se lève, tu t'endors. Ce soir tu seras seul.

Tous tes fous rires
Qui en disent trop
Des yeux qui pleurent
De retenue

Et tu es nue
Quand tu te meurs
Au fond des mots
À te trahir

Mais ta douleur
Malgré tes gestes
Reste présente
Luit en sueur

Vois dans le noir
Toute ta lumière
De ton miroir
Tu ne vois qu'un corps

Tout grelottant
Et transpirant
De sueur froide
Et aucune aide

Tu vibres haut
Là, ton sourire
Malgré tes mots
Ne sait mentir

Je veux poser
Une main guérisseuse
Te rendre heureuse
Juste t'aimer

Les poussières de feutre
Des sombres chapeaux
Crissaient d'horreur
Au contact des peaux

Le soleil annulait ses solstices
Refusant à l'aube sa naissance
Même la neige brouillée de peine
Grisement teintée d'aniline
Pénétrait
le blanc des yeux
Les jeux
de regard oubliés

Mes yeux d'autrefois
Givrés par l'effroi
Isturiale anémie
Tu les fis fondre en larmes

Tu taches ta robe blanche
Dans le champs de pastel
Ta lumière envahit
L'isatis ébloui

Le nord s'est adouci
Et maintenant je souris
Je pleure même de joie
De te trouver là

Gabrielle

Je te remercie
Je te remercie
De me prêter ta
conscience

Toute ma vie
De sursis d'envies
De désirs stériles
D'idées en péril

Ma mémoire souffre
D'idées persistantes
Il est trop tard
Douleurs culminantes

Je te remercie
Je te remercie
De ton indulgence

Je te remercie
Je te remercie
De ta patience

Toute ma vie déguisée de
mensonges
Inextricable buisson de
ronces

Ne me pardonne pas
Ne me pardonne pas
Ma violence

Je te remercie
Je te remercie
De ta bienveillance

Des fruits acides
De pulsions perfides
Des idées de mal
Me rendent animal

Oui, merci, ma phase de sommeil fut très bonne

Ça fait quatre mois que je n'ai pas joué de piano

J'ai mal à la main droite

À Pézenas

À Arras - Jérôme

ÇA ME FLATTE

À Gruissan plus exactement. Coup de soleil

À cause de l'ordinateur

Le kiné m'a gardée pendant une heure - Nougaro - Marciac

Mais t'es tout mou >< Mais t'es tout speed

Je m'en suis voulue quand même un peu d'avoir dormi chez toi

Si j'avais vingt ans je ne sais pas se qui se passerait entre nous

Tout le monde est à tes pieds. Tu es fou des gens >< Tu n'aimes personne. Tu aimes être triste, tu es un sentimental.

Je fais partie de ton top 10 ? Il faut que je maintienne ma place alors !

Mais tu dors jamais ?

Wé tu fais celui qui a des choses à faire

C'est quoi pour toi l'amour ?

Martha Agarich

Clavinova

Pompon - Ré Majeur - Bumble Bee

En face du cirque

Et t'as jamais goûté à ma cuisine ! hum !

Sinon, je t'invite à manger et tu amènes le dessert
Mais pas trop tard
À 21h00
SMS à 21h08 : Viens à 23h00, pas avant, désolée.
23h10 : Allô ? Ah euh mais ben euh ah oué mais euh, eh be, euh, ah
....
00h30 : Non mais n'importe quoi. Et t'es vraiment sur l'affectif
Tu me parles comme si t'étais ma mère
Alors on ne se verra plus ?

T'as des intonations de Berger

Ta lumière est trop pure
Ta présence est trop forte
Je ferme ma porte
Et la chambre est bien noire
La couleur des idées
Accords anilinés
Il fait noir
Plus lumineuse dans l'ombre
Ma pensée sans repère
Imagine ton sang
Couler sur mes gants
La couleur des idées
Accords anilinés
Il fait noir
J'aurais pris ton cœur
Pour le mettre en vitrine
Mon ton rythme en valeur
Dans une rime assassine
La couleur des idées
Accords anilinés
Il fait noir
Et une encre au fluor
Puisée de tes artères
Dans le noir fait briller
La blancheur du papier
La couleur des idées
Accords anilinés
Il fait noir

Mon index, mon majeur
Laissent tomber un mégot
Ton essence des valeur
Enflamme mon ego
La couleur des idées
Accords anilinés
Il fait noir
La moquette incendiée
La vasistas ouvert
Le vent vient embraser
Le jeu de mon enfer
La couleur des idées
Accords anilinés
Il fait noir
Ma joie dans ce feu
Donne des larmes aux
yeux
La puissance de la chaleur
Alimente ma sueur
La couleur des idées
Accords anilinés
Il fait noir
Toutes ces gouttes perlent
M'inondent et je revis
Conscience de ma vie
À la tienne se mêle
Accorde mes idées
Le noir annihilé
Il fait jour

Dis-moi, est-ce que tu te souviens
De cet endroit concentré
Dans des destins perdus
Quelque part au creux de nos mains

Dis-moi est-ce que tu te souviens
De ceux qui n'y ont pas cru
De leur vie bien tracée
À leur règle du quotidien

À défaut de le voir
Auraient-ils pu l'écouter
Le battement motivé
De notre profond espoir

Il est au creux des mains
Il est au coin des yeux
Il est au fond du cœur
Jusqu'à ce qu'il se déploie

Il attend trop les lendemains
Il attend toujours d'être à deux
Il se cache trop souvent pour rire
Jusqu'à ce qu'il se déploie

Et ça parle et ça rigole
Avant de voir et comprendre
Et ça cache et ça refoule
Seuls moyens pour se défendre

C'est dans des mains séparées
Que tu animes tes desseins
Quand tu les auras engendrés
Ils serreront leurs poings

Te souviens-tu du matin
Où tu t'es levé affirmé
Ils ne t'ont pas confirmé
Mais là était ton destin

Te souviens-tu de tes larmes
Qui un soir ont coulé
Ils t'ont dit de les sécher
Tu avais là rangé tes armes

Il est au creux des mains
Il est au coin des yeux
Il est au fond du cœur
Jusqu'à ce qu'il se déploie

Le soleil qui cogne
La lavande qui chatouille
Des plantes qui soignent
La rivière qui mouille

Je me retourne
Ça sent bon
La maison en pierre m'attend
Il y séjourne
Des questions
Mais ici on a le temps

Les fleurs poussent sur la roche
J'en remplis un peu mes poches
Elles sentent si bon
J'en ferai des décoctions

Comme si une science infuse
Se diffusait de la terre
Loin des instincts grégaires
Mes prières se réalisent

Ici pas besoin de parler
La vérité
Comme on respire
Ici besoin de contempler
De mériter
De vivre

Provence, septembre 2006

Pleur de peur
D'heure de pluie
Leurre de joie
Ou interne tueur
Ou inerte lueur

Mal de cœur
Où l'âme crie
C'est un débat
Arrêt du cœur
Vie qui se meurt

Jeu de lumière
Pour réveil amer
Tête dans la lune
La lune est sur terre

Jeu de civière
Trompant cimetière
De l'eau dans la dune
La dune est dans la mer

Bonheur dans rumeur
Rumeur sur apparence
Quelle mauvaise odeur
Suite à nouvelle absence

Idées fausses

Les vibrations pures d'un piano
La force de sa douceur
Prendre note de ses mots
Et voir et sentir sa grandeur

Il touche par ses marteaux
Les cordes vibrant à nos tympans
Il donne la clef du beau
Vide la tristesse ou le néant

Où sont ses cordes, où vont-elles
Une douleur aiguë qui s'aggrave
Qui joue de la pensée éternelle
Le noir et le blanc eux savent

Qu'il pleuve des cordes de gouttes rondes
Sur les idées noires éternelles
Qui se cachent des belles ondes
Puis le bien s'en mêle

Et alors c'est l'amour qu'on ressent
Des impressions, des odeurs, des images
Des sentiments d'enfant
Ou de long vécu instantanément sage

Forte piano, septembre 2003

Cueillir un peu de terre
Et la lancer dans les airs
Raviver un peu de feu
Et le poser sur l'eau
Et cela fait condensation
Et cela fait qu'on danse à Sion

Danser sous une pluie de bonheur
Danser par dessus le malheur

Donner un souffle de vie
Et la flamme ravivée
D'un esprit concentré
Dans le ciel la lancer

Et la flamme ravivée
Par l'esprit discerné
La lancer vers le ciel
Et voilà qu'elle constelle

Constellation constellation
Constelle à Sion Constelle à Sion

Ils n'en veulent pas.
Pourquoi leur vendre ?

Elles sont lourdes tes larmes
La vertu t'aurait blessée ?
Attachée à la jambe
D'une vision sans fonds
Au néant d'un puits tes graines
Lancées n'ont pas germé
À son image que tu dérobes
Au vent de ta passion
En ton sein est stérile
Tu enfantes d'un péril

Bah'ourah dimionim

Photographies de couverture :
1re de couverture
Black Central © Émilien Étienne
4e de couverture
Moiré ist ein Scheiß dagenen © noniq

Aniline moirée
© Landry Mestrallet
© Indiesis éditions
Dépôt légal été 2015
ISBN 978-2-918542-14-8

Indiesis éditions
6 rue du Coq Français
93260 Les Lilas
www.indiesis.com